Verse 2

```
           C
On my wall
G                C              C7
Lies a photograph   of you, girl,
          F                  C           G
Though I ____ try to forget you somehow.
            C           C7
You're the mirror of my soul,
           F           D7
So take me out of my hole
           G      G7  C           G
Let me try to go on livin' right now.
```

Chorus 2

```
                    C
Don't forget to remember me

And the love that used to be
G
   I still remember you,
F        C
I love you.
G      C
In my heart lies a memory
F
   To tell the stars above,
                C      G
Don't forget to remember me
C    F    C
My love. ____
```

First Of May

Words & Music by
Barry Gibb, Maurice Gibb & Robin Gibb

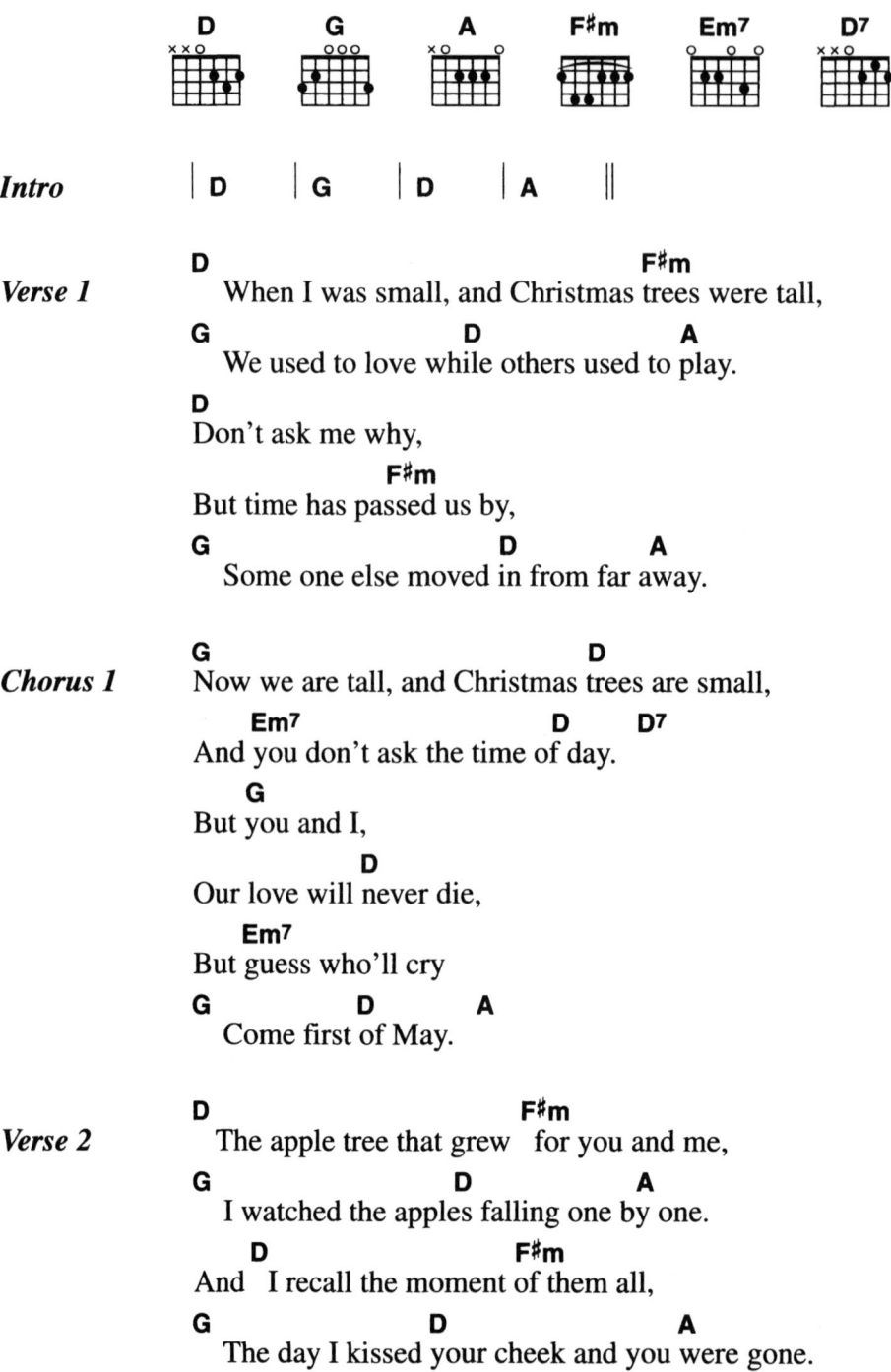

Intro | D | G | D | A ||

Verse 1
```
      D                              F#m
      When I was small, and Christmas trees were tall,
      G               D              A
      We used to love while others used to play.
      D
      Don't ask me why,
                   F#m
      But time has passed us by,
      G                D          A
      Some one else moved in from far away.
```

Chorus 1
```
      G                         D
      Now we are tall, and Christmas trees are small,
        Em7                  D    D7
      And you don't ask the time of day.
         G
      But you and I,
              D
      Our love will never die,
         Em7
      But guess who'll cry
      G         D         A
      Come first of May.
```

Verse 2
```
      D                    F#m
      The apple tree that grew   for you and me,
      G              D             A
      I watched the apples falling one by one.
             D               F#m
      And  I recall the moment of them all,
      G              D                  A
      The day I kissed your cheek and you were gone.
```

© Copyright 1969 Gibb Brothers Music.
All Rights Reserved. International Copyright Secured.

The Chord Songbook
Bee Gees

Don't Forget To Remember 4
First Of May 6
How Deep Is Your Love 8
I've Gotta Get A Message To You 10
Jive Talkin' 13
Massachusetts 16
More Than A Woman 17
New York Mining Disaster 1941 20
Night Fever 24
Nights On Broadway 22
Run To Me 30
Stayin' Alive 27
To Love Somebody 32
Too Much Heaven 34
Tragedy 37
Words 40
World 42
You Should Be Dancing 44
You Win Again 46

Playing Guide: Relative Tuning/Reading Chord Boxes 3

Published by
Hal Leonard

Exclusive Distributors:
Hal Leonard
7777 West Bluemound Road, Milwaukee, WI 53213
Email: info@halleonard.com

Hal Leonard Europe Limited
42 Wigmore Street Maryleborne, London, WIU 2 RY
Email: info@halleonardeurope.com

Hal Leonard Australia Pty. Ltd.
4 Lentara Court Cheltenham, Victoria, 9132 Australia
Email: info@halleonard.com.au

Order No. AM963556
ISBN 978-0-7119-8114-0
This book © Copyright 2000 by Hal Leonard

Compiled by Nick Crispin
Music arranged by Rob Smith
Music engraved by The Pitts

Cover photograph courtesy of Retna.

For all works contained herein:
Unauthorized copying, arranging, adapting, recording,
Internet posting, public performance, or other distribution
of the music in this publication is an infringement of
copyright. Infringers are liable under the law.

Printed in EU.

www.halleonard.com

Relative Tuning

The guitar can be tuned with the aid of pitch pipes or dedicated electronic guitar tuners which are available through your local music dealer. If you do not have a tuning device, you can use relative tuning. Estimate the pitch of the 6th string as near as possible to E or at least a comfortable pitch (not too high, as you might break other strings in tuning up). Then, while checking the various positions on the diagram, place a finger from your left hand on the:

5th fret of the E or 6th string and **tune the open A** (or 5th string) to the note (A)

5th fret of the A or 5th string and **tune the open D** (or 4th string) to the note (D)

5th fret of the D or 4th string and **tune the open G** (or 3rd string) to the note (G)

4th fret of the G or 3rd string and **tune the open B** (or 2nd string) to the note (B)

5th fret of the B or 2nd string and **tune the open E** (or 1st string) to the note (E)

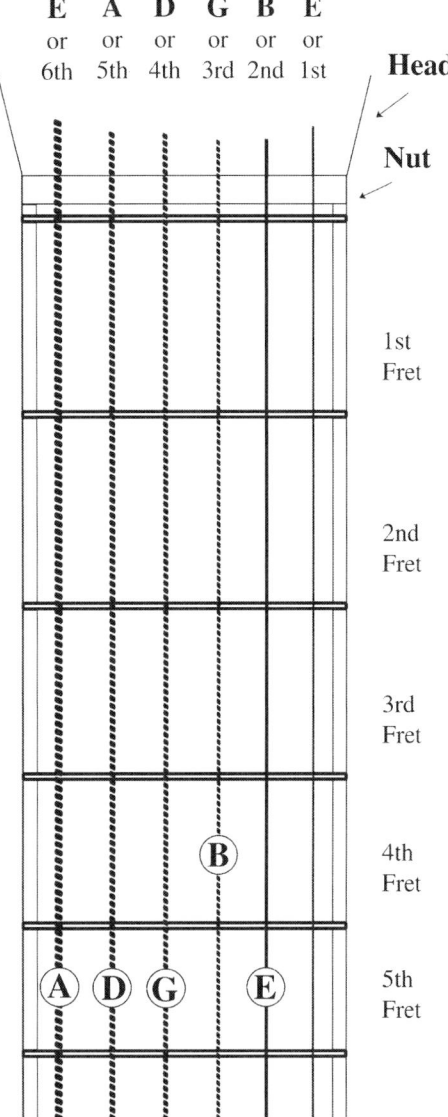

Reading Chord Boxes

Chord boxes are diagrams of the guitar neck viewed head upwards, face on as illustrated. The top horizontal line is the nut, unless a higher fret number is indicated, the others are the frets.

The vertical lines are the strings, starting from E (or 6th) on the left to E (or 1st) on the right.

The black dots indicate where to place your fingers.

Strings marked with an O are played open, not fretted. Strings marked with an X should not be played.

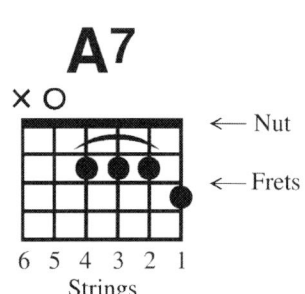

The curved bracket indicates a 'barre' - hold down the strings under the bracket with your first finger, using your other fingers to fret the remaining notes.

N.C. = No Chord.

Don't Forget To Remember

Words & Music by
Barry Gibb & Maurice Gibb

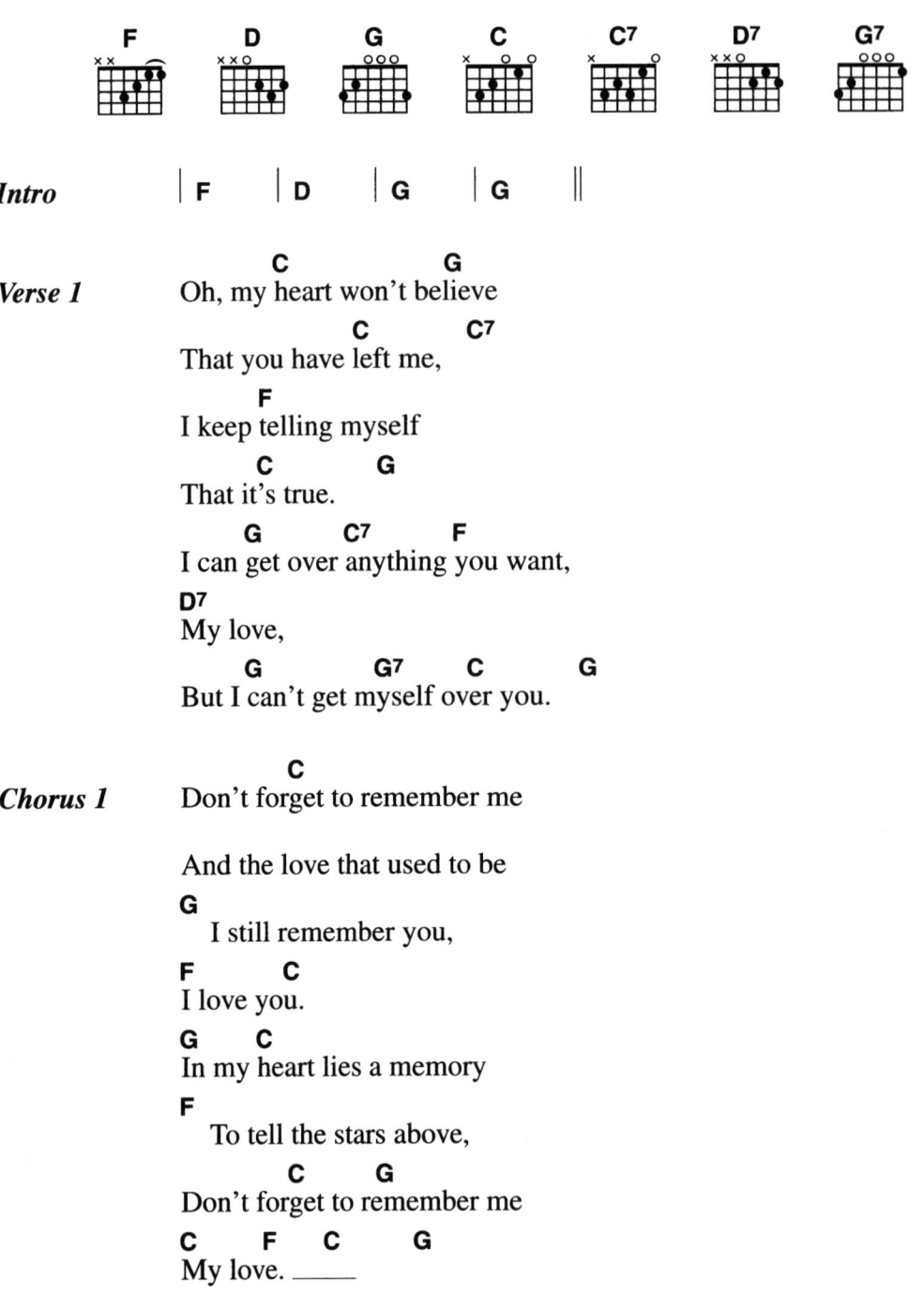

Intro | F | D | G | G ||

Verse 1
          C   G
Oh, my heart won't believe
                C   C7
That you have left me,
     F
I keep telling myself
       C   G
That it's true.
    G   C7   F
I can get over anything you want,
D7
My love,
     G   G7   C   G
But I can't get myself over you.

Chorus 1
      C
Don't forget to remember me

And the love that used to be
G
  I still remember you,
F   C
I love you.
G   C
In my heart lies a memory
F
  To tell the stars above,
      C   G
Don't forget to remember me
C   F   C   G
My love. ____

© Copyright 1969 Gibb Brothers Music.
All Rights Reserved. International Copyright Secured.

Chorus 2

     G   **D**
Now we are tall, and Christmas trees are small,
     Em7   **D**   **D7**
And you don't ask the time of day.
     G
But you and I,
        D
Our love will never die,
     Em7
But guess who'll cry
G   **D**
  Come first of May.

Verse 3

  (D)
  When I was small,
F♯m
  And Christmas trees were tall,
G   **D**   **A**
  Do do do do, do do do do, do.
N.C.
Don't ask me why, but time has passed us by,

Some one else moved in from far away.

How Deep Is Your Love

Words & Music by
Barry Gibb, Maurice Gibb & Robin Gibb

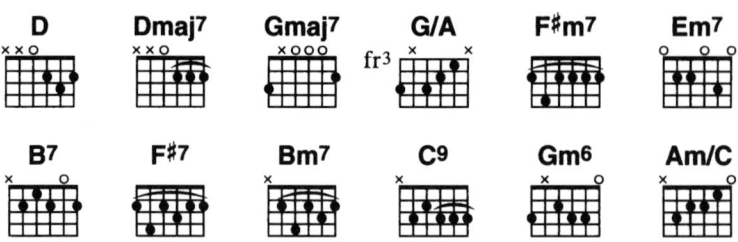

Capo first fret

Intro   ‖: D | Dmaj7 | Gmaj7 | G/A   :‖

Verse 1
```
          D         F#m7    Em7
I know your eyes in the morning sun,
  B7        Em7        F#7         G/A
I feel you touch me in the pouring rain,
          D         F#m7      Bm7
And the moment that you wander far from me
    Em7                G/A
I wanna feel you in my arms again.
         Gmaj7          F#m7
And you come to me on a summer breeze,
       Em7                          C9
Keep me warm in your love, then you softly leave
         F#m7            G/A
And it's me you need to show: (How deep is your love)
```

Chorus 1
```
            D               Dmaj7
How deep is your love, how deep is your love,
  Gmaj7        Gm6
I really mean to learn.
            D                  Am/C
'Cause we're living in a world of fools
             B7                          Em7
Breaking us down, when they all should let us be,
           Gm6
We belong to you and me.
```

© Copyright 1977 Gibb Brothers Music.
All Rights Reserved. International Copyright Secured.

Verse 2

      D   F♯m7   Em7
    I believe in you,
B7   Em7   F♯7   G/A
You know the door to my very soul,
          D   F♯m7   Bm7
You're the light in my deepest, darkest hour,
      Em7   G/A
You're my saviour when I fall.
      Gmaj7   F♯m7
And you may not think that I care for you
     Em7   C9
When you know down inside that I really do,
    F♯m7   G/A
And it's me you need to show.

Chorus 2   As Chorus 1

Instrumental | D F♯m7 | Em7 B7 | Em7 F♯7 | G/A |
                  | D F♯m7 | Bm7 | Em7 | G/A ||

Verse 3

      Gmaj7   F♯m7
And you come to me on a summer breeze,
    Em7   C9
Keep me warm in your love, then you softly leave
  F♯m7   G/A
And it's me you need to show: (How deep is your love)

Chorus 3

       D   Dmaj7
||: How deep is your love, how deep is your love,
Gmaj7   Gm6
I really mean to learn.
       D   Am/C
'Cause we're living in a world of fools
    B7   Em7
Breaking us down, when they all should let us be,
  Gm6
We belong to you and me.

    | D F♯m7 | G/A | G/A :|| *Repeat to fade*

I've Gotta Get A Message To You

**Words & Music by
Barry Gibb, Maurice Gibb & Robin Gibb**

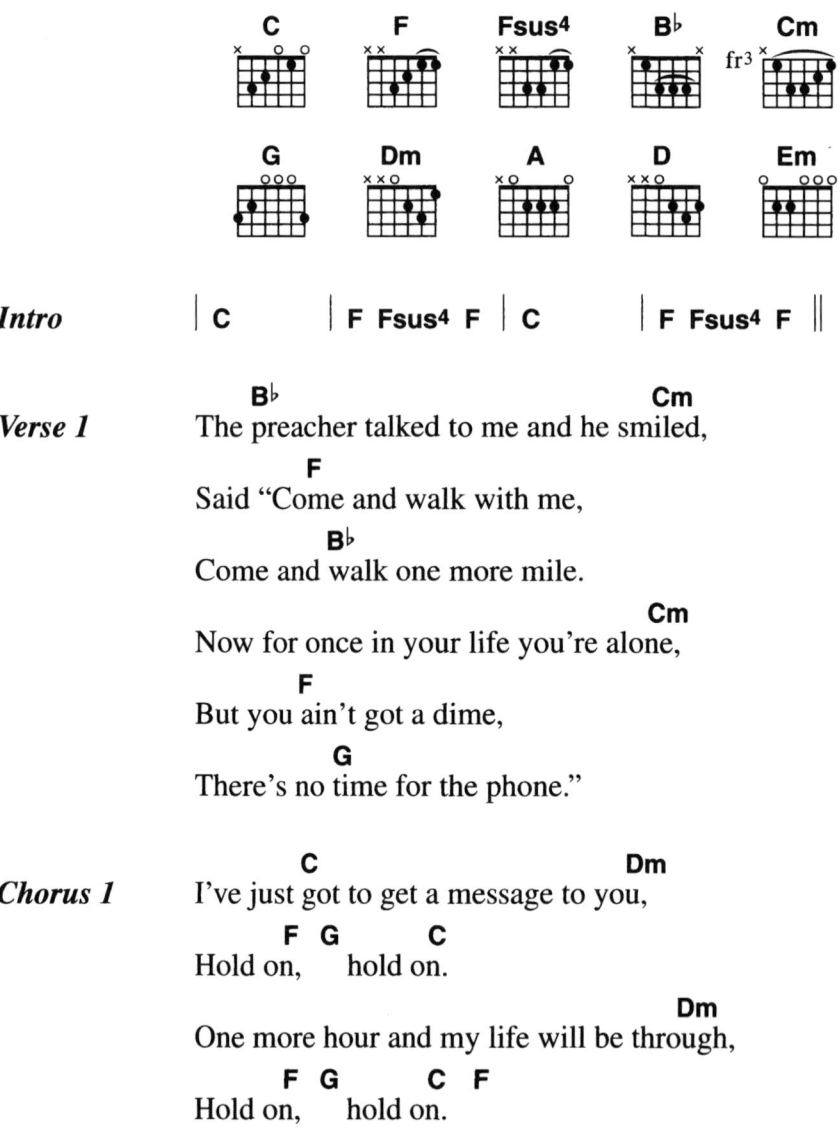

Intro | C | F Fsus4 F | C | F Fsus4 F ||

Verse 1
     B♭   Cm
The preacher talked to me and he smiled,
    F
Said "Come and walk with me,
    B♭
Come and walk one more mile.
            Cm
Now for once in your life you're alone,
    F
But you ain't got a dime,
      G
There's no time for the phone."

Chorus 1
    C   Dm
I've just got to get a message to you,
 F G C
Hold on, hold on.
             Dm
One more hour and my life will be through,
 F G C F
Hold on, hold on.

© Copyright 1968 Gibb Brothers Music.
All Rights Reserved. International Copyright Secured.

Verse 2

   B♭   Cm
  I told him I'm in no hurry,
    F
But if I broke her heart,
      B♭
Then won't you tell her I'm sorry.
         Cm
And for once in my life I'm alone,
     F
And I've got to let her know
   G
Just in time before I go.

Chorus 2

    C   Dm
I've just got to get a message to you,
  F G C
Hold on, hold on.
            Dm
One more hour and my life will be through,
  F G C F
Hold on, hold on.

Verse 3

   B♭   Cm
Well I laughed, but that didn't hurt,
   F
And it's only her love
     B♭
That keeps me wearing this dirt.
         Cm
Now I'm crying, but deep down inside,
   F
Well I did it to him,
   G
Now it's my turn to die

Chorus 3

    C   Dm
I've just got to get a message to you,
  F G C
Hold on, hold on.
            Dm
One more hour and my life will be through,
  F G   C A
Hold on, hold on.

Chorus 4 | D | Em | G A | D |
                                                        Hold on.

                                                                           Em
One more hour and my life will be through,
          G A   D
Hold on,   hold on.

                    D   Em

Chorus 5   𝄆 I've just got to get a message to you,
          G A   D
Hold on,   hold on.

                                                                  Em
One more hour and my life will be through,
          G A   D
Hold on,   hold on. 𝄇 *Repeat to fade*
                                          with vocal ad lib.

Jive Talkin'

Words & Music by
Barry Gibb, Maurice Gibb & Robin Gibb

Chords: C   F/C   B♭   G   F   E   Am

Intro | N.C. | N.C. | (C) | (C) |
| (C) | (C) | (C) | C | C | C ‖

Chorus 1
               C
It's just your jive talkin', you're telling me lies, yeah.
           F/C   C
Jive talkin', you wear a disguise.

Jive talkin', so misunderstood, yeah.
          B♭   C
Jive talkin', you're really no good.

Verse 1
G   F
Oh, my child

You'll never know
E   Am
  Just what you mean to me.
G   F
Oh, my child

You got so much,
C   B♭   F   G
  You're gonna take away my energy:

Chorus 2
              C
With all your your jive talkin', you're telling me lies, yeah.
         F/C   C
Good lovin' still gets in my eyes.

Nobody believes what you say,
              B♭   C
It's just your jive talkin' that gets in the way.

© Copyright 1975 Gibb Brothers Music.
All Rights Reserved. International Copyright Secured.

Instrumental   ‖: C   B♭ | B♭ | C   B♭ | B♭   :‖

Verse 2
      G   F
Oh, my love

You're so good,
  E   Am
   Treating me so cruel.
 G   F
There you go

With your fancy lies,
    C   B♭   F   G
Leavin' me lookin' like a dumbstruck fool:

Chorus 3
                (C)
With all your jive talkin', you're telling me lies, yeah.
             (F)   (C)
Jive talkin', you wear a disguise.

Jive talkin', so misunderstood, yeah.
           (B♭)   (C)
Jive talkin', you just ain't no good.

Chorus 4
 C
Love talkin' is all very fine, yeah.
     F/C   C
Jive talkin' just isn't a crime.

And if there's somebody you'll love till you die,
               B♭   C
Then all that jive talkin' just gets in your eye.

Instrumental | C   B♭ | B♭ | C   B♭ | B♭ | C   B♭ | B♭ |

                | C   B♭ | B♭ | C | C   ‖

Chorus 5
        C
Jive talkin',

You're telling me lies, yeah.
          (F)   **C**
Good lovin' still gets in my eyes.

Nobody believes what you say,

It's just your jive talkin'
  (B♭)   **C**
That gets in the way.

Love talkin' is all very fine, yeah.
       (F)   **C**
Jive talkin', just isn't a crime.

And if there's somebody

You'll love till you die,

Then all that jive talkin'
  (B♭)   **C**
Just gets in your eye.

  C
𝄆 Jive talkin' 𝄇 *Repeat to fade*

Massachusetts

Words & Music by
Barry Gibb, Maurice Gibb & Robin Gibb

G Am C D

Intro | G | G | G | G ||

Verse 1
G   Am C G
Feel I'm goin' back to Massachusetts,
                 Am C   G
Something's telling me   I must go home.
                                 C
And the lights all went out in Massachusetts
        G   D   G D
The day I left her standing on her own.

Verse 2
G   Am C   G
Tried to hitch a ride to San Francisco,
        Am   C   G
Gotta do the things I wanna do.
                                 C
And the lights all went out in Massachusetts,
                 G   D   G   D
They brought me back to see my way with you.

Verse 3
G   Am C   G
Talk about the life in Massachusetts,
                Am C   G
Speak about the people I have seen.
                                 C
And the lights all went out in Massachusetts
              G   D
And Massachusetts is one place I have (seen.)
G   Am   C   G   Am   C   G
I will remember Massachusetts…
   seen.   (I will remember Massachusetts.)
    G   Am   C   G   Am   C   G
||: I will remember Massachusetts…
                   (I will remember Massachusetts.) :||

Repeat to fade

© Copyright 1967 Gibb Brothers Music.
All Rights Reserved. International Copyright Secured.

More Than A Woman

Words & Music by
Barry Gibb, Maurice Gibb & Robin Gibb

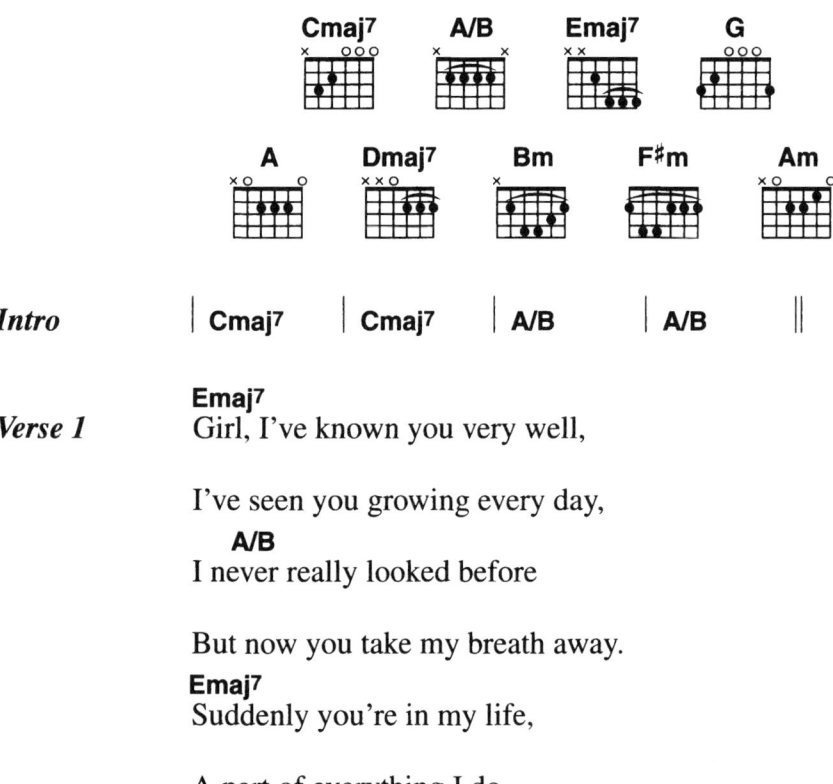

Intro | Cmaj7 | Cmaj7 | A/B | A/B ||

Verse 1
Emaj7
Girl, I've known you very well,

I've seen you growing every day,
  A/B
I never really looked before

But now you take my breath away.
Emaj7
Suddenly you're in my life,

A part of everything I do,
   A/B
You got me workin' day and night

Just tryin' to keep a hold on you.
G   **A**   **Dmaj7** **Bm**
  Here in your arms I found my para - dise,
G   **A**   **F#m**
  My only chance for happiness,
G   **A**   **Dmaj7**   **Bm**
  And if I lose you now I think I would die.
Cmaj7
Say you'll always be my baby,

We can make it shine,
    A/B
We can take forever just a minute at a time.

© Copyright 1977 Gibb Brothers Music.
All Rights Reserved. International Copyright Secured.

Chorus 1

    Cmaj7
    More than a woman,
G   **Am**
    More than a woman to me.
Cmaj7
    More than a woman,
G   **Am**
    More than a woman to me.

| Cmaj7 | Cmaj7 | A/B | A/B ||

Verse 2

Emaj7
There are stories old and true
                        A/B
Of people so in love like you and me,

And I can see myself,

Let history repeat itself
    Emaj7
Reflecting how I feel for you.

And thinking about those people then,
   A/B
I know that in a thousand years

I'd fall in love with you again.
G   **A**   **Dmaj7**   **Bm**
This is the only way that we should fly,
G   **A**   **F#m**
This is the only way to go,
G   **A**   **Dmaj7**   **Bm**
And if I lose your love, I know I would die.
Cmaj7
Say you'll always be my baby,

We can make it shine,
                  A/B
We can take forever just a minute at a time.

Chorus 2
   Cmaj7
   More than a woman,
  G   **Am**
   More than a woman to me.
   Cmaj7
   More than a woman,
  G   **Am**
   More than a woman to me.

| **Cmaj7** | **Cmaj7** | **Cmaj7** | **A/B** | **A/B** ||

Chorus 3
   ‖: **Cmaj7**
   More than a woman,
  G   **Am**
   More than a woman to me.
   Cmaj7
   More than a woman,
  G   **Am**
   More than a woman to me. :‖ *Repeat to fade*

New York Mining Disaster 1941

Words & Music by
Barry Gibb & Robin Gibb

Am   D7   G   C   F   Esus4   E

Tune guitar slightly flat

Intro | Am | Am ||

Verse 1
          Am
In the event of something happening to me,
                                D7
There is something I would like you all to see.
       G   Am
It's just a photograph of someone that I knew.

Chorus 1
 D7   G   C   G
  Have you seen my wife, Mr. Jones?
                   C   F
Do you know what it's like on the outside?

Don't go talking too loud,
            Esus4 E   Am
You'll cause a   landslide, Mr. Jones.

Verse 2
        Am
I keep straining my ears to hear a sound,
                        D7
Maybe someone is digging underground,
        G   Am
Or have they given up and all gone home to bed,
   D7   G
Thinking those who once existed must be dead.

© Copyright 1967 Gibb Brothers Music.
All Rights Reserved. International Copyright Secured.

Chorus 2

   F   **G** **C**   **G**
  Have you seen my wife, Mr. Jones?

         C   **F**
Do you know what it's like on the outside?

Don't go talking too loud,
    Esus⁴ E   **Am**
You'll cause a landslide, Mr. Jones.

Verse 3

    Am
In the event of something happening to me,
             D⁷
There is something I would like you all to see.
   G   **Am**
It's just a photograph of someone that I knew.

Chorus 3

 D⁷   **G** **C**   **G**
  Have you seen my wife, Mr. Jones?

         C   **F**
Do you know what it's like on the outside?

Don't go talking too loud,
    Esus⁴ E   **Am**
You'll cause a landslide, Mr. Jones.

Nights On Broadway

Words & Music by
Barry Gibb, Maurice Gibb & Robin Gibb

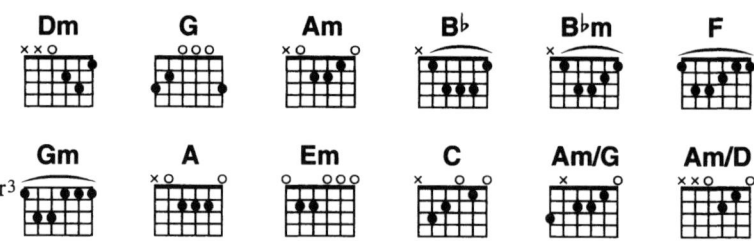

Tune guitar slightly sharp

Intro ‖: Dm | G Dm | Dm | Am :‖

Verse 1
    Am Dm
    Here we are
                  Am
In a room full of strangers,
Dm
Standing in the dark
                       Am
Where your eyes couldn't see me.
              B♭
Well, I had to follow you,
B♭m   F
    Though you did not want me to,
                    Gm
But that won't stop my lovin' you,
          A
I can't stay away.

Chorus 1
         F   Am
Blamin' it all on the nights on Broadway,
       B♭
Singin' them love songs,
       B♭m
Singin' them   straight to the heart songs.
         F   Am
Blamin' it all on the nights on Broadway,
       B♭
Singin' them sweet sounds,
     B♭m
To that crazy, crazy town.

© Copyright 1975 Gibb Brothers Music.
All Rights Reserved. International Copyright Secured.

Verse 2

     Dm
Now in my place
                    Am
There are so many others
Dm
Standin' in the line,
                       Am
How long will they stand between us?
              B♭
Well, I had to follow you
B♭m   **F**
Though you did not want me to,
                  Gm
But that won't stop my lovin' you,
      A
I can't stay away.

Chorus 2   As Chorus 1

Instrumental | Dm | G Dm | Dm | Am ||

Middle

     Dm
I will wait,
F   **G**
Even if it takes forever.
     Em
I will wait,
Am
Even if it takes a lifetime.
    G   **F**
Somehow I feel inside
            C
You never ever left my side,
         F
Make it like it was before
Am   **Am/G**   **Am/D**
Even if it takes a lifetime, takes a lifetime, ooh.

Chorus 3   ‖: As Chorus 1 :‖ *Repeat to fade*

Night Fever

Words & Music by
Barry Gibb, Maurice Gibb & Robin Gibb

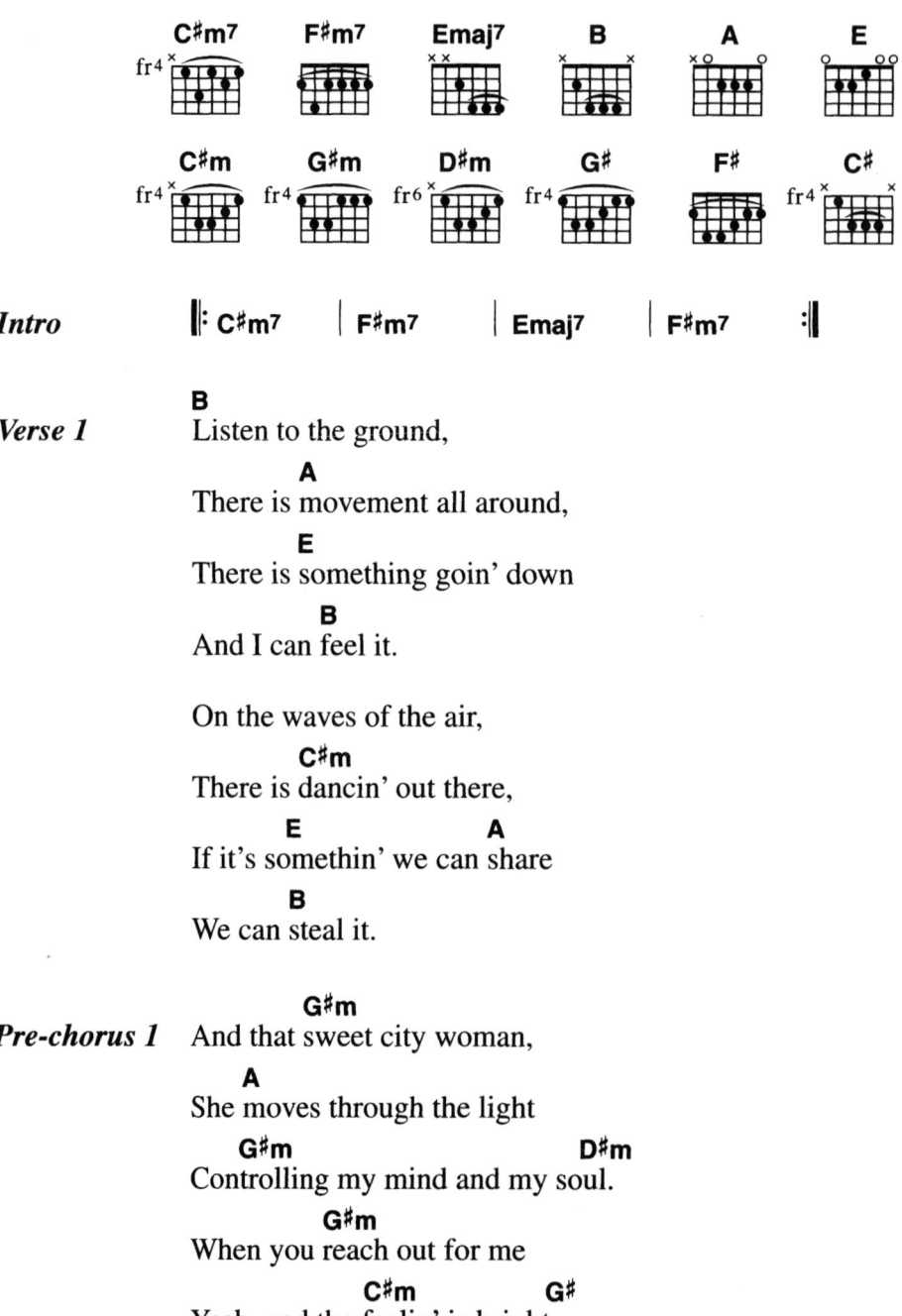

Intro ‖: C#m7 | F#m7 | Emaj7 | F#m7 :‖

Verse 1

    B
Listen to the ground,
       A
There is movement all around,
       E
There is something goin' down
      B
And I can feel it.

On the waves of the air,
     C#m
There is dancin' out there,
   E   A
If it's somethin' we can share
    B
We can steal it.

Pre-chorus 1

      G#m
And that sweet city woman,
   A
She moves through the light
   G#m   D#m
Controlling my mind and my soul.
    G#m
When you reach out for me
         C#m   G#
Yeah, and the feelin' is bright.

© Copyright 1977 Gibb Brothers Music.
All Rights Reserved. International Copyright Secured.

Chorus 1

        C♯m7   F♯m7
Then I get night fever, night fever,
                   Emaj7   F♯m7
We know how to do it.
          C♯m7   F♯m7
Gimme that night fever, night fever,
                   Emaj7   F♯m7
We know how to show it.

Middle 1

F♯
Here I am
C♯m   F♯
Prayin' for this moment to last,
C♯m   F♯
Livin' on the music so fine.
C♯m   F♯
Borne on the wind
C♯m   F♯   C♯
Makin' it mine. _____

Chorus 2

    C♯m7   F♯m7
Night fever, night fever,
                   Emaj7   F♯m7
We know how to do it.
          C♯m7   F♯m7
Gimme that night fever, night fever,
                   Emaj7   F♯m7
We know how to show it.

Verse 2

      B
In the heat of our love,
           A
Don't need no help for us to make it,
      E
Gimme just enough to take us
      B
To the mornin'.

I got fire in my mind,
    C♯m
I get higher in my walkin'
    E   A
And I'm glowin' in the dark,
      B
I give you warnin'.

25

Pre-chorus 2

         G♯m
And that sweet city woman,

  A
She moves through the light

  G♯m   **D♯m**
Controlling my mind and my soul.

    G♯m
When you reach out for me

    C♯m   **G♯**
Yeah, and the feelin' is bright.

Chorus 3

      C♯m7   **F♯m7**
Then I get night fever, night fever,

      Emaj7 **F♯m7**
We know how to do it.

      C♯m7   **F♯m7**
Gimme that night fever, night fever,

      Emaj7 **F♯m7**
We know how to show it.

Middle 2

F♯
Here I am

C♯m   **F♯**
Prayin' for this moment to last,

C♯m   **F♯**
Livin' on the music so fine.

C♯m   **F♯**
Borne on the wind

C♯m **F♯** **C♯**
Makin' it mine. _____

Chorus 4

      C♯m7   **F♯m7**
𝄆 Gimme that night fever, night fever,

      Emaj7 **F♯m7**
We know how to do it.

      C♯m7   **F♯m7**
Just gimme that night fever, night fever,

      Emaj7 **F♯m7**
We know how to show it. 𝄇   *Repeat to fade*

Stayin' Alive

Words & Music by
Barry Gibb, Maurice Gibb & Robin Gibb

Em7   A7   D   D/E   Bm7

Capo first fret

Intro | Em7 | Em7 | A7 | A7 | Em7 ||

Verse 1
    Em7
    Well, you can tell by the way I use my walk,
        D   Em7
I'm a woman's man: no time to talk.

Music loud and women warm,
    D   Em7
I've been kicked around since I __ was born.
      A7
And now it's all right, it's okay,

And you may look the other way.

We can try to understand

The New York Times' effect on man.

Chorus 1
  Em7
Whether you're a brother or whether you're a mother,

You're stayin' alive, stayin' alive.

Feel the city breakin' and everybody shakin',

And we're stayin' alive, stayin' alive.

Ah, ha, ha, ha, stayin' alive, stayin' alive.
                              D/E   Em7   Bm7 | Em7 ||
Ah, ha, ha, ha, stayin' alive. _____

© Copyright 1977 Gibb Brothers Music.
All Rights Reserved. International Copyright Secured.

Verse 2

    Em7
Well now, I get low and I get high,
        D   **Em7**
And if I can't get either, I really try.

Got the wings of heaven on my shoes,
   D   **Em7**
I'm a dancin' man and I just can't lose.
    A7
You know it's all right, it's okay,

I'll live to see another day.

We can try to understand

The New York Times' effect on man.

Chorus 2

Em7
Whether you're a brother or whether you're a mother,

You're stayin' alive, stayin' alive.

Feel the city breakin' and everybody shakin',

And we're stayin' alive, stayin' alive.

Ah, ha, ha, ha, stayin' alive, stayin' alive.
                    D/E **Em7** **Bm7** | **Em7** | **Em7** ||
Ah, ha, ha, ha, stayin' alive. _____

Middle

 A7
  Life goin' nowhere,

Somebody help me,
              Em7 | **Em7** |
Somebody help me, yeah.
 A7
  Life goin' nowhere,

Somebody help me, yeah.
      Em7
Stayin' alive.

Verse 3

     Em7
Well, you can tell by the way I use my walk,
  D   **Em7**
I'm a woman's man: no time to talk.

Music loud and women warm,
  D   **Em7**
I've been kicked around since I __ was born.
  A7
And now it's all right, it's okay,

And you may look the other way.

We can try to understand

The New York Times' effect on man.

Chorus 3

Em7
Whether you're a brother or whether you're a mother,

You're stayin' alive, stayin' alive.

Feel the city breakin' and everybody shakin',

And we're stayin' alive, stayin' alive.

Ah, ha, ha, ha, stayin' alive, stayin' alive.
              D/E **Em7** **Bm7** | **Em7** | **Em7** ||
Ah, ha, ha, ha, stayin' alive. _____

Outro

    A7
||: Life goin' nowhere,

Somebody help me,
         Em7 | **Em7** |
Somebody help me, yeah.
A7
  Life goin' nowhere,
         Em7
Somebody help me, yeah.

I'm stayin' alive. :|| *Repeat to fade*

Run To Me

Words & Music by
Barry Gibb, Maurice Gibb & Robin Gibb

Intro | A | A ||

Verse 1
    A   G
If ever you've got rain in your heart,
F#m
Someone has hurt you
E   D
And torn you apart,
Bm   E   A
Am I unwise to open up your eyes to love me?

Verse 2
                        G
And let it be like they said it would be,
F#m
Me loving you girl
E   D
And you loving me.
Bm   E   (A)
Am I unwise to open up your eyes to love me?

Chorus 1
   A   C#m
Run to me whenever you're lonely,
  D   Dm
Run to me if you need a shoulder.
  A   G   F#m7
Now and then you need someone older,
    Dm6   E6   A
So darling,   you run to me.

© Copyright 1972 Gibb Brothers Music.
All Rights Reserved. International Copyright Secured.

Verse 3

     A   **G**
And when you're out in the cold,

F♯m
No-one beside you

E   **D**
And no one to hold,

Bm   **E**   **A**
Am I unwise to open up your eyes to love me?

Verse 4

                     G
And when you've got nothing to lose,

F♯m   **E**
Nothing to pay for

D
And nothing to choose,

Bm   **E**   **(A)**
Am I unwise to open up your eyes to love me?

Chorus 2

   ‖: **A**   **C♯m**
Run to me whenever you're lonely,

D   **Dm**
Run to me if you need a shoulder.

A   **G**   **F♯m7**
Now and then you need someone older,

  Dm6   **E6**   **A**
So darling, you run to me.   :‖ *Repeat to fade*

To Love Somebody

Words & Music by
Barry Gibb & Robin Gibb

A	G	D	Bm	E	D7

Intro | A G | D A | A | A ||

Verse 1
            A
There's a light,
Bm
  A certain kind of light
D   **A**
That never shone on me.
G   **A**   **E**
  I want my life to be lived with you,
           D7
Lived with you.
          A
There's a way,
Bm
  Everybody say,
D   **A**
  To do each and every little thing.
G   **A**
  But what does it bring
         E   **D7**
If I ain't got you, ain't got?

Chorus 1
  A   **E**
You don't know what it's like, baby,
D   **A**
You don't know what it's like
      E
To love somebody,
     D
To love somebody
       A
The way I love you.

© Copyright 1967 Gibb Brothers Music.
All Rights Reserved. International Copyright Secured.

Link |A G |D A |A |A   ‖

Verse 2
    A
In my brain
Bm
  I see your face again,
D   **A**
  I know my frame of mind.
G   **A**
  You ain't got to be so   blind,
      E   **D7**
And I'm blind, so, so, so very blind.
 A
I'm a man,
Bm
  Can't you see what I am?
D   **A**
  I live and I breathe for you,
G   **A**
  But what good does it   do
     E   **D7**
If I ain't got you, ain't got?

Chorus 2
  A   **E**
‖: You don't know what it's like, baby,
D   **A**
You don't know what it's like
       E
To love somebody,
       D
To love somebody
     A   **E**
The way I love you.   :‖ *Repeat to fade*

Too Much Heaven

Words & Music by
Barry Gibb, Maurice Gibb & Robin Gibb

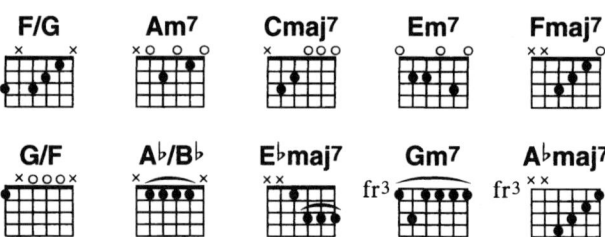

Capo first fret

Intro | F/G | F/G | F/G | F/G | Am7 | Am7 F/G ||

Chorus 1
     Cmaj7   **Em7**
Nobody gets too much heaven no more,
      Fmaj7
It's much harder to come by,
    Cmaj7   **F/G**
I'm waiting in line.
Cmaj7   **Em7**
Nobody gets too much love anymore,
     Fmaj7
It's as high as a mountain
    Cmaj7   **F/G**
And harder to climb.

Verse 1
F/G
   Oh, you and me, girl,

Got a lot of love in store,

And it flows through you

And it flows through me
                                Cmaj7
And I love you so much more than my life…

© Copyright 1978 Music For UNICEF/Chappell Music Limited, Griffin House, 161 Hammersmith Road, London W6.
All Rights Reserved. International Copyright Secured.

cont.

I can see beyond forever,
       Fmaj7
Everything we are will never die,
   G/F **Em7**
Loving's such a beautiful thing,
Am7 **F/G**
 Oh, you make my world a summer day.

Are you just a dream to fade away?

Chorus 2

 Cmaj7   **Em7**
Nobody gets too much heaven no more,
   Fmaj7
It's much harder to come by,
  Cmaj7 **F/G**
I'm waiting in line.
Cmaj7   **Em7**
Nobody gets too much love anymore,
   Fmaj7
It's as high as a mountain
   Cmaj7 **F/G**
And harder to climb.

Verse 2

F/G
 You and me, girl, got a highway to the sky,

We can turn away from the night and day

And the tears we had to cry.
   Cmaj7
You're my life…

I can see a new tomorrow,
       Fmaj7
Everything we are will never die,
   G/F **Em7**
Loving's such a beautiful thing.
Am7 **F/G**
 When you are, to me, the light above,

Made for all to see our precious love.

Chorus 3

    Cmaj7   Em7
Nobody gets too much heaven no more,
        Fmaj7
It's much harder to come by,
   Cmaj7   F/G
I'm waiting in line.
Cmaj7   Em7
Nobody gets too much love anymore,
    Fmaj7
It's as high as a mountain
    Cmaj7   F/G
And harder to climb.

Middle

    Cmaj7   Fmaj7
Oh, ___ oh, oh, oh,
         G/F   Em7
Loving's such a beautiful thing,
   F/G
You make my world a summer day.
                 A♭/B♭
Are you just a dream to fade away?

Chorus 4

E♭maj7   Gm7
Nobody gets too much heaven no more,
   A♭maj7
It's much harder to come by,
  E♭maj7   A♭/B♭
I'm waiting in line.
E♭maj7   Gm7
Nobody gets too much love anymore,
  A♭maj7
It's as wide as a river
  E♭maj7 A♭/B♭ | A♭/B♭ | A♭/B♭ ||
And harder to cross.

Chorus 5

   E♭maj7   Gm7
||: Nobody gets too much heaven no more,
    A♭maj7
It's much harder to come by,
  E♭maj7   A♭/B♭
I'm waiting in line.
E♭maj7   Gm7
Nobody gets too much love anymore,
   A♭maj7
It's as high as a mountain
   E♭maj7 A♭/B♭
And harder to climb. :|| *Repeat to fade*

Tragedy

**Words & Music by
Barry Gibb, Maurice Gibb & Robin Gibb**

Bm Em F#m G A D

Dsus4 E F# G/A F#7 Em7 Gmaj7

Intro
| Bm | Bm | Em | Em | F#m | F#m | G | G A |
| D Dsus4 | D | D | D | D | D ||

Verse 1
    D
Here I lie in a lost and lonely part of town.

Held in time in a world of tears I slowly drown.
  E   F#
Goin' home, I just can't make all alone,
                       E
I really should be holding you, holding you,
  G
Loving you, loving you.

Chorus 1
  Bm
Tragedy,
      F#m
When the feeling's gone and you can't go on
  Bm
It's tragedy,
      F#m
When the morning cries and you don't know why.
    G/A
It's hard to bear
            A
With no-one to love you you're
Bm   **G F#7**
Goin' nowhere.

© Copyright 1979 Gibb Brothers Music.
All Rights Reserved. International Copyright Secured.

cont.

    Bm
Tragedy,
        F♯m
When you lose control and you got no soul
    Bm
It's tragedy,
        F♯m
When the morning cries and you don't know why.
      G/A
It's hard to bear
    A
With no-one beside you
      Bm   **G F♯7**
You're goin' nowhere.

Link 1 | Bm | Bm | Em | Em | F♯m | F♯m | G | G A |

    | D Dsus⁴ | D | D | D | D | D ||

Verse 2

D
Night and day there's a burning down inside of me.

Burning love with a yearning that won't let me be.
E   **F♯**
Down I go and I just can't take it all alone,
            E
I really should be holding you, holding you,
G
Loving you, loving you.

Chorus 2

    Bm
Tragedy,
        F♯m
When the feeling's gone and you can't go on
    Bm
It's tragedy,
        F♯m
When the morning cries and you don't know why.
      G/A
It's hard to bear
    A
With no-one to love you
      Bm   **G F♯7**
You're goin' nowhere.

cont.

Bm
Tragedy,
　　　　F♯m
When you lose control and you got no soul
　　Bm
It's tragedy,
　　　F♯m
When the morning cries and you don't know why.
　　G/A
It's hard to bear
　　A
With no-one beside you
　　　　Bm　　　　**G   F♯7**
　You're goin' nowhere.

Link 2　　| Bm | Bm | Em7 | F♯7 | Bm | Bm |

　　　　　| Em7 | F♯ | G | Gmaj7 | Gmaj7 ||

Chorus 3
　　Bm
‖: Tragedy,
　　　F♯m
When the feeling's gone and you can't go on
　　Bm
It's tragedy,
　　　F♯m
When the morning cries and you don't know why.
　G/A
It's hard to bear
　　A
With no-one to love you you're
Bm　　　　**G   F♯7**
Goin' nowhere.
Bm
Tragedy,
　　　F♯m
When you lose control and you got no soul
　　Bm
It's tragedy,
　　　F♯m
When the morning cries and you don't know why.
　G/A
It's hard to bear
　　A
With no-one beside you
　　　Bm　　　　**G   F♯7**
　You're goin' nowhere.　　　oh! :‖　　*Repeat to fade*

Words

Words & Music by
Barry Gibb, Maurice Gibb & Robin Gibb

G   C/G   A   D7   B♭   F

Intro | G   C/G | G   C/G | G   C/G | G   C/G ||

Verse 1

    G
Smile an everlasting smile,
                   A
A smile can bring you near to me.
     D7
Don't ever let me find you gone
                      C/G   G
'Cause that would bring a tear to me.
   B♭
This world has lost its glory,
                    F
Let's start a brand new story now, my love.
       G
Right now there'll be no other time
             A   D7
And I can show you how, my love.

Verse 2

    G
Talk in everlasting words
            A
And dedicate them all to me,
    D7
And I will give you all my life,
                  C/G   G
I'm here if you should call to me.
   B♭
You think that I don't even mean
          D
A single word I say.

© Copyright 1968 Gibb Brothers Music.
All Rights Reserved. International Copyright Secured.

| | **N.C   G**
| *Chorus 1* | It's only words,
| | **D7**
| | And words are all I have
| | **G   C/G G | D ||**
| | To take your heart away.

| *Instrumental* | **| G | G | A | A |**
| | **| D7 | D7 | G | G ||**

| | **B♭**
| | You think that I don't even mean
| | **D**
| | A single word I say.

| | **G**
| *Chorus 2* | It's only words,
| | **D7**
| | And words are all I have
| | **G   C/G G**
| | To take your heart away.
| | **D   G**
| | It's only words,
| | **D7**
| | And words are all I have
| | **G   C/G G**
| | To take your heart away.
| | **D   G**
| | It's only words,
| | **D7**
| | And words are all I have
| | **G   C/G**
| | To take your heart away.

| | **| G   C/G | G   C/G | G ||**

World

Words & Music by
Barry Gibb, Maurice Gibb & Robin Gibb

Chords: G A D Bm Dsus4 F#m Em C F E Asus4

Intro | D | D | D | D ||

Chorus 1
     G   A
Now I've found
     D   Bm
That the world is round,
     G   A   Dsus4 D
And, of course, it rains every day. ____

Verse 1
   D   Bm
Living tomorrow,
G   F#m   Em
Where in the world will I be?
  Bm
Tomorrow,
     G   F#m   Em   C
How far am I able to see, ____
     G   F
Or am I needed here?

Chorus 2
     G   A
Now I've found
     D   Bm
That the world is round,
     G   A   Dsus4 D
And, of course, it rains every day. ____

© Copyright 1967 Gibb Brothers Music.
All Rights Reserved. International Copyright Secured.

Verse 2

     D   Bm
If I remember
G   F#m   Em
All of the things I have done,
     Bm
I'd remember
G   F#m   Em   C
All of the times I've gone wrong. —
     G   F
Why do they keep me here?

Chorus 3

    G   A
Now I've found
       D   Bm
That the world is round,
      G   A   Dsus⁴ A
And, of course, it rains every day.

Chorus 4

     D   E
‖: And now I've found
     A   F#m
That the world is round,
      D   E   Asus⁴ A
And, of course, it rains every day. :‖ *Repeat to fade*

You Should Be Dancing

Words & Music by
Barry Gibb, Maurice Gibb & Robin Gibb

Em   Am   Am(maj7)   Am7   G/E   F#m

Capo third fret

Intro　　‖: Em | Em | Em | Em :‖

Verse 1
　　　　　(Em)
My baby moves at midnight,

Goes right on till the dawn.

My woman takes me higher,

My woman keeps me warm.

Chorus 1
　　　　　　　Am　　　　　　　　Am(maj7)　Am7　Am(maj7)
What you doin' on your back,　　　　　aah?
　　　　　　　Am　　　　　　　　Am(maj7)　Am7　Am(maj7)
What you doin' on your back,　　　　　aah?
　　　　　　　Em
You should be dancin', yeah, dancin', yeah.
　　　　　　　Am　　　　　　　　Am(maj7)　Am7　Am(maj7)
What you doin' on your back,　　　　　aah?
　　　　　　　Am　　　　　　　　Am(maj7)　Am7　Am(maj7)
What you doin' on your back,　　　　　aah?
　　　　　　　Em
You should be dancin', yeah, dancin', yeah.

Verse 2
　　　　　(Em)
She's juicy and she's trouble,

She gets it to me good.

My woman gives me power,

Goes right down to my blood.

© Copyright 1976 Gibb Brothers Music.
All Rights Reserved. International Copyright Secured.

Chorus 2   As Chorus 1

Instrumental | Em | Em | Em | Em | G/E | F♯m |
| Em | Em | G/E | F♯m | Em | Em ||

Verse 3
(Em)
My baby moves at midnight,

Goes right on till the dawn, yeah.

My woman takes me higher,

My woman keeps me warm.

Chorus 3   As Chorus 1

Chorus 4
     Am   **Am(maj7) Am7 Am(maj7)**
What you doin' on your back,   aah?

     Am   **Am(maj7) Am7 Am(maj7)**
What you doin' on your back,   aah?

     Em
You should be dancin', yeah, dancin', yeah.

| Em | Em | Em |

||: **(Em)**
   You should be dancin', yeah. :|| *Repeat to fade*

You Win Again

Words & Music by
Barry Gibb, Maurice Gibb & Robin Gibb

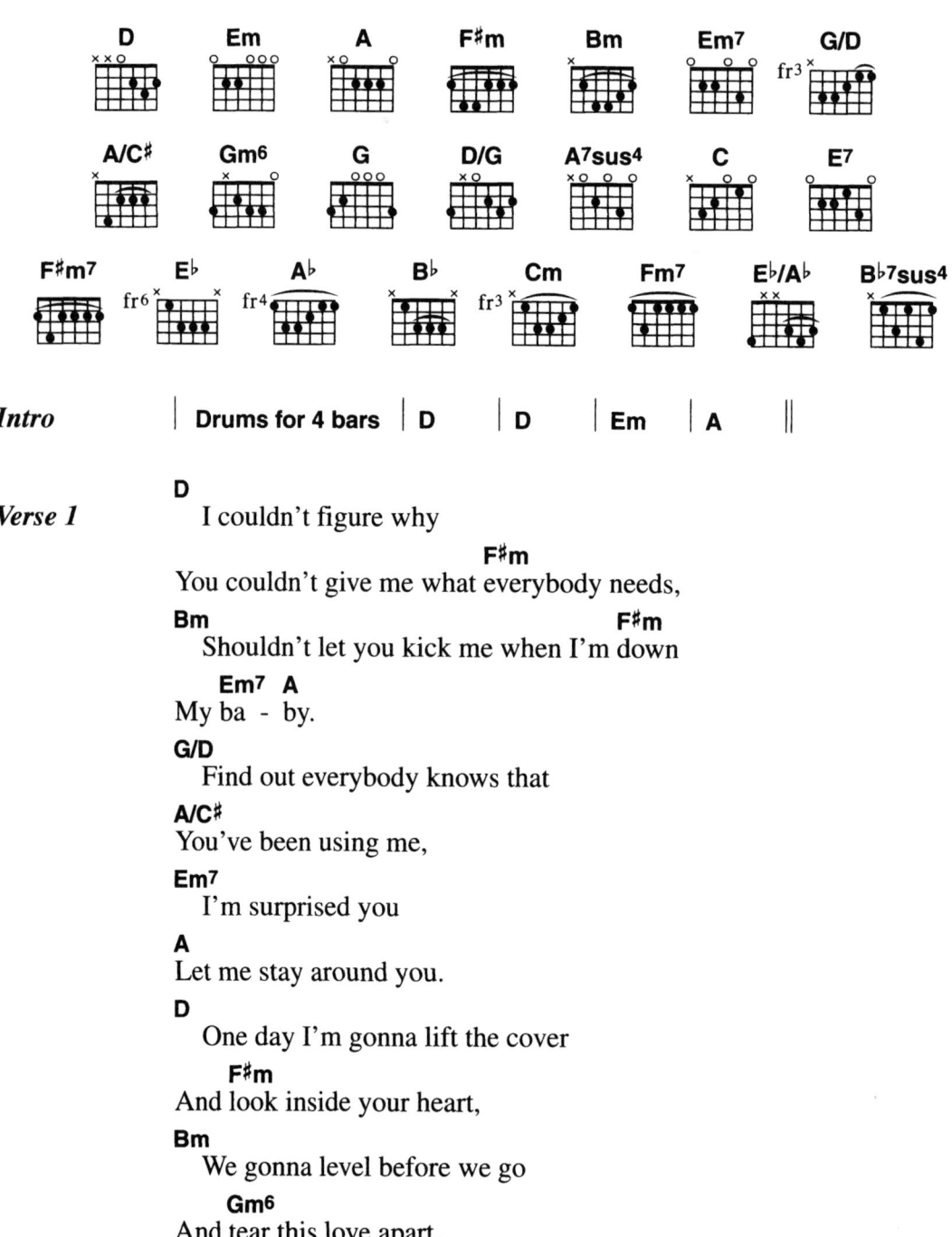

Intro | Drums for 4 bars | D | D | Em | A ||

Verse 1
D
   I couldn't figure why
                                 F#m
You couldn't give me what everybody needs,
Bm   F#m
   Shouldn't let you kick me when I'm down
    Em7 A
My ba - by.
G/D
   Find out everybody knows that
A/C#
   You've been using me,
Em7
   I'm surprised you
A
   Let me stay around you.
D
   One day I'm gonna lift the cover
   F#m
And look inside your heart,
Bm
   We gonna level before we go
   Gm6
And tear this love apart.

© Copyright 1987 Gibb Brothers Music.
All Rights Reserved. International Copyright Secured.

Chorus 1

              D
There's no fight you can't fight,
        G   A   D
This battle of love with me

You win again.
Bm   **Em7**   **A**
  So little time, we do nothing but compete.
                D
There's no life on earth,
     G   **A**   **D**
No other could see me through,

You win again.
Bm   **Em7**   **D/G**
  Some never try but if anybody can, we can.
A7sus4   **D**
  And I'll be, I'll be following you.

Link 1

       C G   **D**
Oh girl, oh girl.

Middle 1

       C G   **F#m**
Oh baby, I'll shake you from now on,
          Bm   **F#m**
I'm gonna break down your defenses one by one.
          Bm
I'm gonna hit you from all sides,
         E7
Lay your fortress open wide,
  A   **G**   **F#m7**   **A**
  Nobody stops this body from taking you.

Verse 2

              D
You'd better beware, I swear
                   F#m
I'm gonna be there one day when you fall.
    Bm
I __ could never let you cast aside
      Gm6
The greatest love of all.

Chorus 2   As Chorus 1

Link 2

     C G   ‖
Oh girl.

Chorus 3

    E♭ B♭ E♭
             You win again,

Cm
   So little time,

      Fm7   **B♭**
We do nothing but compete.

           E♭
There's no life on earth,

   A♭   **B♭**   **E♭**
No other could see me through,

You win again.

Cm
   Some never try

     Fm7   **E♭/A♭**
But if anybody can, we can.

B♭7sus4
   But I'll be, I'll be,

        E♭ **A♭**
Following you.

Outro

  B♭ E♭
𝄆   You win again,

Cm
   So little time,

      Fm7   **B♭**
We do nothing but compete.

          E♭
There's no life on earth,

  A♭   **B♭**   **E♭**
No other could see me through,

You win again.

Cm
   Some never try

    Fm7   **B♭**
But if anybody can, we can.

     E♭   **A♭**
There's no fight… 𝄇 *Repeat to fade*
                                 with vocal ad lib.